NOTICE

SUR LE COMTE

JOSEPH DE PUISAYE,

LIEUTENANT-GÉNÉRAL;

PAR UN OFFICIER GÉNÉRAL QUI A SERVI SOUS SES ORDRES.

*Maxima clarissimaque virtus non est
tuta adversus calumniam.*

NOTICE

SUR

LE COMTE JOSEPH DE PUISAYE.

(19 décembre 1827.)

Le 13 décembre, après une longue et douloureuse maladie, est décédé à Blythe-House, près Hammersmith, le lieutenant-général, comte de Puisaye; il était dans sa 73.ᵉ année.

Dans la lutte que les royalistes et les républicains se livrèrent de 1792 à 1793, il y a peu de chefs du premier parti qui aient joué un rôle aussi distingué que le comte de Puisaye, et aucun d'entre eux ne fût plus que cet officier général, la victime déplorable de l'ingratitude et de la calomnie préparées avec perfidie par de vils courtisans dans l'intérêt de leur ambition, pour détourner de lui les récompenses dues à ses honorables services;

récompense qu'autrement son Roi mieux éclairé, et qui fut toujours l'objet de son culte, eût trouvé dans son cœur généreux mille motifs de lui accorder.

Le comte Joseph de Puisaye descendait d'une des plus anciennes familles de France, et était né à Mortagne, dans la province du Perche; il fut élevé au séminaire de Saint-Sulpice, à Paris, et était destiné à l'état ecclésiastique.

Mais à l'âge de dix-huit ans, son amour pour la profession militaire se prononça si fortement, qu'il lui fut permis de s'y livrer; il entra donc en qualité de lieutenant dans le régiment de Conti, qu'il quitta bientôt pour passer dans un autre comme capitaine de dragons.

Ensuite il entra dans les Cent-Suisse, qui faisaient partie de la maison militaire du Roi, obtint le grade de colonel, et peu de temps après la croix de Saint-Louis.

En 1788, il épousa la fille unique du marquis de Menilles, riche propriétaire terrien, en Normandie.

L'année suivante, la noblesse du Perche le choisit pour son député aux états-généraux.

Aux états-généraux et à l'assemblée constituante, le comte de Puisaye se montra constamment ami d'une liberté bien réglée, et jaloux de défendre à la fois les droits du peuple et la dignité de son souverain.

La manière dont la conduite du comte de Puisaye, à cette époque, est jugée par un écrivain professant des opinions aussi déraisonnables qu'exagérées, fournit un exemple curieux des préjugés absurdes et invétérés de cette faction qui, pendant quelques années, a ébranlé le trône de France, qu'elle se croyait appelée à soutenir ; et quoiqu'il fût partisan (dit le biographe) des premières innovations et de la constitution anglaise, cependant il se déclara de bonne heure l'ennemi des démagogues...

En 1791, M. de Puisaye fut élevé au rang de major général ; à la clôture de la session de l'assemblée, il se retira dans son domaine de Menilles, et fut bientôt placé à la tête des gardes nationales du district d'Evreux.

Voyant que le parti jacobin avait le dessein de renverser le trône, il forma le projet de lever une armée en Normandie, pour délivrer le Roi des factions et lui assurer le libre exercice de son autorité constitutionnelle.

Les événemens du 10 août firent échouer ce projet.

Néanmoins dans le printemps et l'automne de 1793, les départemens de la Normandie mirent des forces sur pied pour se protéger contre la tyrannie sanguinaire de la Convention : le commandement en chef fut donné au général Wimpfen; le comte de Puisaye eut la seconde place, mais les efforts des Normands durèrent peu de temps et ne produisirent aucun fruit.

Par la seule force de l'or et des progrès du fanatisme révolutionnaire, les commissaires de la Convention parvinrent à amener la dissolution de l'armée départementale, après une seule action, dans laquelle le comte de Puisaye se montra de la manière la plus brillante.

Sa tête ayant été mise à prix, il chercha un asile en Bretagne, province où il était entièrement étranger. Ses aventures dans ce pays tiennent du roman, chaque heure amenait pour lui quelque nouveau péril; mais son courage et sa présence d'esprit le sauvèrent toujours, et tout fugitif qu'il était, il concevait le projet hardi de faire lever en armes contre la Convention toute la Bretagne et les provinces voisines. Infatigable, actif, brave, éloquent, plein de grâces dans ses manières, il réunissait admirablement toutes les qualités nécessaires pour faire réussir une pareille entreprise. Telle était sa persévérance et son bonheur que, pendant l'été de 1794, il étendit la coalition royaliste non-seulement dans la presque totalité de la Bretagne, mais encore dans les provinces limitrophes.

Convaincu néanmoins que le parti royaliste ne pourrait pas agir d'une manière efficace sans un appui étranger, et que l'Angleterre seule était capable de donner cet appui, le comte se décida à se rendre dans ce pays pour conférer avec les ministres de la Grande-Bretagne ; en conséquence il mit à la voile, laissant le commandement dans les mains de M. Cormatin et d'un conseil militaire.

M. de Puisaye demeura quelques mois à Londres, et réussit à obtenir du ministère un secours puissant pour les royalistes.

Mais pendant que les négociations l'occupaient, Cormatin violant son devoir et ses instructions, concluait un traité avec les républicains.

Ce traité, dans le fait, était l'ouvrage de certains intrigans anti-royalistes, agens subalternes de Louis XVIII, qui étaient parvenus à obtenir qu'il les admît à son service, en trompant sa religion ; gens qui se tenaient à une distance raisonnable du lieu du danger , mais qui étaient singulièrement jaloux de réunir dans leurs mains l'autorité toute entière dans les départemens royalistes , et de réduire à un état de dépendance , ou même d'exclure entièrement les chefs qui avaient prodigué leur fortune et leur sang pour lever l'étendard royal dans l'ouest de la France. Il n'y avait pas d'actes de bassesse dont ces êtres méprisables ne fussent capables pour arriver à leur but. Les calomnies , les injures de toute espèce , même les assassinats , étaient leurs moyens ordinaires ; ils étaient particulièrement acharnés contre le comte de Puisaye ; indépendamment de ce qu'il ne cachait pas son mépris pour eux , et qu'il s'opposait aux progrès de leurs intrigues , il avait le tort d'être un homme de principes modérés ; un homme qui , bien qu'il combattît pour la monarchie , était l'ennemi du despotisme , et était connu pour un admirateur de la constitution anglaise : ce dernier crime seul était suffisant pour lui assurer leur haîne.

Le mal qu'avait fait Cormatin fut bientôt réparé par les instructions que le comte de Puisaye envoya en Bretagne, et tout fut préparé par les Bretons pour se joindre aux troupes anglaises et émigrées aussitôt qu'elles pourraient se montrer sur la côte de France , mais les agens avaient résolu que rien ne serait fait en Bretagne ; ils réunirent alors tous leurs efforts pour que l'expédition fût détournée vers la côte de la Vendée , où , à la vérité , elle ne devait être d'aucune utilité , mais où elle serait , du reste , sous leur influence , Charette agissant de concert avec eux.

Ils ne réussirent que trop dans leurs plans ; le commandement des régimens émigrés fut donné au comte d'Hervilly , officier respectable , mais qui avait été séduit par les agens ; et qui, ne l'eût-il pas été, se trouvait trop esclave de la routine de sa profession pour être parfaitement propre au nouveau genre de service auquel on l'appliquait. Malheureusement aussi, quoique le commandement suprême fût réservé au comte de Puisaye, cela n'avait pas été exprimé clairement , de sorte que M. d'Hervilly se trouva en position de faire avorter toutes les mesures de son supérieur, en prétendant que c'était lui-même qui avait le commandement en chef des régimens émigrés.

L'expédition fit voile pour Quiberon ; les secours prirent terre sans opposition, et le comte de Puisaye fut joint par plusieurs milliers de Bretons.

Son plan était d'avancer rapidement dans l'intérieur, de disperser ou d'écraser les républicains avant qu'ils eussent pu concentrer leurs forces, et d'effectuer ainsi un soulèvement simultané de la province entière. Mais ce projet fut détruit par M. d'Hervilly (*), qui refusa d'avancer; il donna ainsi à Hoche le temps de réunir une armée et d'enfermer les émigrés dans la péninsule de Quiberon.

Des instructions arrivèrent, à la fin, du ministère anglais; elles plaçaient M. d'Hervilly sous les ordres de M. de Puisaye. Le comte résolut alors de faire débarquer les troupes de chouans, commandées par M. de Tinténiac, sur le flanc de Hoche, afin de l'attaquer par derrière et de lui couper la retraite, tandis que les troupes régulières l'attaqueraient de front; le plan aurait probablement réussi, si les agens ne l'eussent fait avorter. A peine M. de Tinténiac avait-il pris terre, que leurs émissaires lui envoyèrent, au nom de Louis xviii, l'ordre de marcher dans l'intérieur; ordre auquel il obéit. Par suite de cette nouvelle direction, que M. de Puisaye ignorait complettement, son attaque sur le front de la position de Hoche ne réussit pas, et

____

(*) *Voyez* à la fin la déclaration de M. le comte d'Hervilly, au lit de sa mort.

les royalistes furent forcés à la retraite après une perte considérable.

Bientôt après la trahison acheva ce que les agens avaient commencé. Hoche surprit le fort Penthièvre qui gardait l'entrée de la péninsule, et les émigrés qui s'y trouvaient furent tous massacrés ou faits prisonniers, et les prisonniers mis à mort : après avoir fait les plus grands efforts pour repousser l'ennemi, le comte de Puisaye cédant aux prières de M. de Sombreuil, courut à la flotte anglaise pour y chercher du secours, et pendant qu'il était absent, M. de Sombreuil se rendit.

Incapable de se laisser abattre par ce désastre, le comte de Puisaye se précipita encore en Bretagne, et par des efforts aussi bien dirigés qu'infatigables, il réussit à réorganiser le parti royaliste et à le rendre plus fort que jamais.

Dans le cours de ses travaux, il échappa souvent au péril le plus imminent ; et un jour il fut forcé de se cacher quelque temps dans une cavité sous les racines d'un arbre. A chaque pas, il était arrêté par les agens, qui ne négligeaient rien pour le perdre ; ses officiers étaient séduits, ses plans traversés et sa vie fut menacée plus d'une fois. Les agens réussirent même à persuader à quelques-uns des chefs subalternes de faire leur paix avec les républicains. Ils étaient alors engagés dans leur complot contre le Directoire ; complot qui, plus tard, avorta par suite des événemens du 18 fructidor. Indépendamment de leur haine personnelle contre le général Breton, ils avaient une grande répugnance à partager avec aucun rival le fruit qu'ils se promettaient de leur conspiration tramée dans les greniers de la capitale de la France.

Néanmoins il persévéra dans ses efforts pendant les années 1796 et 1797. Enfin dans les derniers jours de 1797, ayant tout préparé pour la guerre, il se rendit en Angleterre dans l'espoir de persuader à un prince de la maison de Bourbon qu'il était de la dignité de la couronne de France et de l'intérêt du parti qui combattait si vaillamment pour la légitimité, de se mettre à la tête des opérations militaires, afin que sa volonté suprême et régulatrice comprimât l'intrigue, fît taire les passions ambitieuses et cupides, assurât enfin la sécurité de ses partisans fidèles ; incessamment aux prises avec des hommes corrompus, mais assez adroits pour masquer leurs criminelles intentions sous les apparences du dévouement. Cette démarche échoua par les manœuvres des courtisans, qui sentirent très-bien que leur règne et leur influence finiraient le jour où un descendant du noble Henri viendrait, en se plaçant à la tête des braves Bretons, recueillir des témoignages d'amour et d'intrépidité qui contrasteraient d'une manière si tranchante avec la bassesse de leur conduite ; à la fin, fatigué et dégoûté, il résigna son commandement et alla s'établir au Canada avec plusieurs de ses officiers, dans une portion de territoire qui lui fut concédée par le gouvernement anglais.

Après un court séjour dans cette colonie, il revint en Angleterre où il résida jusqu'à sa mort, et qu'il regarda toujours avec affection comme sa patrie adoptive ; cela ne diminua pas cependant le moins du monde l'amour filial qu'il portait à son pays natal, dont le bonheur et la prospérité excitèrent toujours la sollicitude.

La charte constitutionnelle de France lui parut toujours le *palladium* d'une sage liberté, et plus d'une fois il témoigna le vœu qu'elle fût mise en harmonie avec des lois organiques et réglementaires propres à en assurer la marche et la durée.

S'il eût été homme à déserter ses principes, à ne pas s'embarrasser de sa propre estime, et (pour parler avec le poète) à cajoler, ramper et faire le chien couchant, il n'est guère douteux qu'au lieu de vivre retiré en Angleterre, il aurait pu, à la cour de France, s'approcher bien près du soleil, des faveurs, et jouir de tous les prestiges des richesses et du pouvoir, sans autre compensation que les reproches de sa conscience et la haine ou le mépris de ses concitoyens insultés.

La nature s'était montrée libérale dans la création de la personne et de l'esprit du comte de Puisaye; en effet, elle l'avait façonné d'une manière merveilleuse, l'ayant doué tout à la fois des qualités qui attirent le vulgaire, et de celles nécessaires pour acquérir et conserver une influence sur les hommes; d'un esprit supérieur; il était grand, bien fait, plein de grâces; sa figure était belle et animée par cette expression forte et variée qui l'emporte sur la seule régularité des traits; ses yeux étincelaient d'intelligence et d'une belle audace. Personne ne posséda jamais des manières plus entraînantes, et un plus grand empire sur les affections de ses amis ou de ses partisans.

Il donna dans des occasions innombrables des preuves de son courage personnel, que cependant quelques calomniateurs se sont efforcés de mettre en doute; et il y joignait la qualité bien plus rare de la présence d'esprit sans laquelle le seul courage n'est souvent d'aucune utilité.

S'il s'est volontairement exposé pendant sept ans au danger de périr sur le champ de bataille ou sur l'échafaud, si, pendant long-temps séquestré en quelque sorte loin de sa famille, de ses amis, il sut se faire obéir et adorer par des milliers d'hommes dont l'existence dépendait en grande partie de la bravoure comme des talens de leur commandant; n'est-ce pas là une réponse suffisante à une accusation dont l'impudence ne peut être égalée que par son absurdité?

Il n'eut qu'un enfant qui donnait les plus belles espérances; il eut l'extrême douleur de le perdre à l'âge de seize ans, par suite des mauvais traitemens des cannibales d'alors, qui avaient tout à craindre du dévouement de son père pour le soutien de la légitimité.

Il avait beaucoup lu, et il employait toutes ses connaissances à traiter d'une manière facile et brillante toute sorte de sujets, raisonnait avec force et précision ; s'exprimait avec une éloquence coulante et pure, souvent par des traits pleins d'esprit et de gaieté ; comme écrivain, il ne fut pas moins ardent ni moins fertile ; et quoiqu'il fût par fois trop prolixe, ses compositions n'ont à redouter aucune comparaison avec celles de beaucoup d'auteurs en renom. Son caractère ne présentait pas la plus petite teinte d'affectation ou d'imposture ; il était franc, droit et plein de sentimens honorables ; enfin on peut dire de lui, dans le langage d'un immortel poète :

« Que la Nature pouvait en être fière, et dire au
» monde entier :

» *Voilà un homme ! ! !* »

' Déclaration faite par M. le comte d'Hervilly, au lit de la mort, entre les mains de M. le vicomte de Balleroy, chef d'escadre, oncle de Mme la comtesse d'Hervilly et de M. le marquis de la Jaille, capitaine de vaisseau, rédigée par M. le marquis de la Jaille, signée de lui et de M. le vicomte de Balleroy.

M. le comte d'Hervilly se fit trasporter de Plymouth à Londres ; j'ignorais qu'il y fût et ne le visitai pas ; il y fut sensible, et pria M. le vicomte de Balleroy, chef d'escadre de la marine royale, de m'en faire un reproche d'amitié, et de me demander l'état exact des effets que j'avais perdus à Quiberon. M. de Balleroy ne me trouvant pas chez moi, m'écrivit et me donna rendez-vous pour le lendemain.

Nous fûmes ensemble chez M. d'Hervilly ; ce général me prit la main avec sensibilité, et me dit, en présence de M. le vicomte de Balleroy, qui était, ainsi que moi, à côté de son lit :

Qu'il était outré de l'injuste calomnie qui attaquait M. le comte de Puisaye dans l'opinion publique ; que s'il y avait eu des fautes commises, c'était à lui qu'il fallait les attribuer; que M. de Puisaye n'était coupable que de son trop de confiance en lui d'Hervilly.

Et en me montrant beaucoup de papiers écrits de sa main et placés sur une table de l'autre côté du lit :

Voilà, nous dit-il, sa justification et ma confession ; on y verra la vérité ; j'espère vivre assez pour la faire connaître. Tout cela, ajouta-t-il, est écrit sans ordre, parce que ma tête est faible. Je m'occupe dans ce moment de terminer tous les comptes de mon régiment; quand ce travail sera achevé, j'attends de votre amitié que vous m'aiderez à rédiger ce mémoire; vous le devez par attachement pour M. de Puisaye, pour qui je veux qu'on sache que je suis pénétré de respect et de reconnaissance, et à l'estime que j'ai pour vous. Au reste, nous dit-il encore, *je n'ai point trompé sur mon peu de talent; j'ai dit que je commanderais mon régiment partout, aussi bien que qui que ce soit; que j'étais capable de remplir les fonctions d'aide-maréchal-des-logis; mais que je n'avais pas les connaissances nécessaires pour commander une armée.*

Tout ce discours, prononcé avec chaleur et sensibilité, fit couler ses larmes, et sûrement elles partaient d'une source bien pure.

Je le calmai; je l'assurai qu'il pouvait compter sur moi dans tous les temps, mais que celui d'un travail aussi fatigant n'était pas encore venu pour lui; qu'il fallait qu'il s'occupât de sa guérison, et que lorsqu'elle serait opérée, je me joindrais volontiers à lui ; ce que je déclare en tout conforme à la vérité, en présence de M. le vicomte de Balleroy, qui a signé avec moi.

Londres, ce 14 octobre 1797.

Signés, le marquis DE LA JAILLE ; le vicomte DE BALLEROY.

Je certifie que l'original de la déclaration ci-dessus, signée de MM. le marquis de la Jaille et le vicomte de Balleroy, est entre mes mains.

July, 24   1798.

Signé, W. WINDHAM (*).

(*) MM. de Balleroy et de la Jaille ont en outre donné verbalement au Ministre ci-dessus tous les détails relatifs à ce fait.

MORTAGNE, de l'Imprimerie de GLAÇON, Libraire.